Naiem Ahmadinejadfarsangi

Yunus Zangiabadi

Naiem Ahmadinejadfarsangi

Yunus Zangiabadi

Éditions Croix du Salut

Imprint

Cover image: www.ingimage.com

Publisher:
Éditions Croix du Salut
is a trademark of
Dodo Books Indian Ocean Ltd. and OmniScriptum S.R.L Publishing group
Str. Armeneasca 28/1, office 1, Chisinau-2012, Republic of Moldova, Europe
Printed at: see last page
ISBN: 978-620-3-84483-2

Yunus Zangiabadi

Naiem ahmadinejadfarsangi

Contents

Aide-moi

O Dieu, ta grâce est dans le besoin

Personne ne se souvient de toi

Une goutte de connaissance que tu as donnée avant

Connectez-vous à vos mers

Seigneur! Quelle porte entrouverte ma voix ouvrira-t-elle?

Quelle eau claire recherchons-nous?

Me lavant les mains et le visage dans la poussière du quotidien, mon souffle se coince dans ma poitrine, quand mes yeux fouillent en vain les horizons inaccessibles.

Dans quelles ruines silencieuses devrais-je cacher ma voix, sous les pierres et les silences?

Et ta gentillesse qui coule...

Je me tiens sur la pointe des pieds, ma tête tourne dans le ciel, le soleil me fait me perdre.

Ce sont tes vers qui coulent partout, c'est ta grâce qui bouillonne partout.

Mon air est l'air de traverser les ténèbres, la lumière de ta bonté, me sauvera-t-il de toutes ces nuits?

Comme les mots sont inutiles dans ma bouche!

Votre grâce abondante coule dans mes veines.

Je me tourne vers la lumière, m'amène à l'absolu.

Dieu! Vous êtes plus grand que les mots qui ne peuvent être contenus dans des mots. Prends ma main et prouve-moi de toutes les zones humides qui ont aspiré mes pieds.

tiens ma main; Les routes du matin m'appellent.

tiens ma main; Mes yeux insouciants clignotent et deviennent noirs.

Les sources éclairées par la lune bouillonnent et la nuit s'égratigne, j'ai perdu la mémoire.

Gentil! Fais de moi une voix de toi, sépare-moi de tous ces soucis, libère-moi des chansons brûlées, de regarder la nuit.

Libère-moi du sol; emmène moi au ciel

Dieu! Je suis fatigué de la prison du corps, de la futilité (moi); Emmenez-moi pour nettoyer les routes.

Je parcourrai les chemins pour te rejoindre, si ta grâce me remplit d'une lumière poussiéreuse, mon nez sera plein de passion et d'intelligence.

Je dois accrocher ma voix aux fenêtres du ciel bleu ; Remplis ma voix du feu de l'amour, mon souffle sent le passage à travers la répétition de nombreux jours et nuits.

Barils ! Laissez-moi me dissoudre dans la lumière; Dans la conscience absolue

Petit à petit, cellule par cellule, mon corps hurle de voler. Ce sol compact serre mes piliers en lui-même ; Je dois atteindre le ciel.

Votre gentillesse coule de source ! Prends ma main, emmène-moi à travers la fournaise des voies sombres, fais-moi un avec le soleil. Détruisant les murs de la rébellion dans les ruines de mon corps plein de folie et d'égoïsme ; Libère-moi des chaînes attachées à mes pieds.

Tout ce que tu aimes

Oh mon Dieu, tu es un problème, que puis-je dire que tu aimes Niyaysham?

Oh mon Dieu, j'espère pour la fin ! Oh, le désir ultime de l'estimé!

Ô celui qui ne laisse pas la louange des croyants sans récompense, tu es la crainte ultime des loueurs et la crainte ultime des pieux!

Dieu, c'est ma seule richesse - les péchés causés par les tentations de Satan de ne pas te louer et de se vanter de mon orgueil et de ma destruction!

L'orgueil ignorant de quelqu'un qui n'est pas conscient de votre pouvoir et nie votre gentillesse ; Dès que son regard atteint la lumière et que les nuages sombres s'éloignent de lui, il revient à lui-même et se rend compte des nombreuses injustices qu'il s'est faites. Ensuite, son cœur se ferme à votre espoir et un sentiment de honte émane de son visage.

La confiance et l'enthousiasme ouvrent une fenêtre de certitude sur les ténèbres de son cœur et il ne fait que vous louer et c'est tout!

Ô Dieu, il n'y a pas de gloire dans ta punition que ta générosité est supérieure au pardon et ton pardon est au-delà et plus étonnant que toute pensée pour le péché.

Dieu, maintenant j'ai obéi à ton ordre.

Maintenant, tenez la promesse que vous avez faite ! La promesse d'Advani doit être acceptée.

O Dieu, bénis ton vrai messager, le Prophète Muhammad, que Dieu le bénisse et lui accorde la paix, ainsi qu'à sa famille céleste ! Pardonne-moi et accepte le pardon dans la province.

Dieu, prends ma main et aide-moi dans les moments terribles.

Ô Dieu, affermis mon intention dans l'adoration, affermis mon prochain dans ton service, fais bénéficier mes actions (de la repentance) ; Et faites ma mort selon la religion de votre Prophète Muhammad, que Dieu le bénisse et lui accorde la paix!

Oh Dieu, accepte mon repentir, réponds à mes prières et remplis mon cœur de ton amour !

Le moment où les papillons sont nés

Parler avec vous est le moment de naissance des chansons.

Être avec vous est le moment d'abondance de bienveillance.

Parler avec vous, ce sont des moments de paix dans le cœur des amoureux au cœur brisé.

La pluie me fait penser à toi.

Oh mon Dieu, je veux un auvent qui soit l'une des branches du paradis et qu'il me protège des flammes brûlantes de l'enfer et qu'il soit prêt pour ma présence.

Je veux un baldaquin fait de cristal, de pluie et d'amour, pour y étendre le tapis de mon cœur et verser les fleurs parfumées du paradis sur mes genoux.

Divin! Je me lève pour crier.

Je me lève pour crier les mains de ma propre culpabilité.

Je me lève pour crier ma chute. Te parler est mon éternel besoin.

Divin! Emmenez-moi au paradis perdu en moi et honorez mes mains afin que je puisse les soulever et choisir parmi les arbres pleins de votre générosité.

En effet! Quel heureux événement que le goût amer d'une personne est rempli du goût de la générosité céleste et fait qu'une personne tombe toujours amoureuse d'elle-même.

Seigneur! Ma prière chaque nuit et chaque aube est que je ne serai pas parmi les scandaleux le Jour du Jugement.

Comment puis-je regarder ma honte en présence de toutes les bonnes choses et me rendre fier!?

J'ai peur du jour où la noirceur continue de mes actions sera révélée et où Dieu retiendra ses mains indulgentes de mon cas. J'ai peur des moments où Dieu me retirera ses sourires et je serai de ceux qui ont honte.

Oh Nooralanvar ! Fais briller cette lumière sur ma froide existence, de sorte que quelle que soit la froide croyance automnale en moi, elle sera réchauffée par ta lumière et les belles fleurs de ta présence en moi prendront une nouvelle vie.

Fais briller ta lumière sur moi et fais de moi le secret de ta lumière afin que je puisse à nouveau regarder le monde les yeux ouverts à travers les ouvertures de ta présence et verser une nouvelle attitude dans le pot de fleur de ma foi afin que les fleurs de mon corps prends vie dans mon corps et le lierre de mon être par la fenêtre Ouvre tes mains.

Divin! Assouvissez cette soif de votre bonté avec amour et donnez à mes mains un lien incassable avec les mains de vos proches afin que je puisse vous connaître et vous adorer comme vous le souhaitez.

Navire orageux

Dieu! Votre mémoire traverse toutes les particules de l'existence et glorifie création après création

Tu es sorti avec cent mille effets que j'ai fait

Laisse-moi te regarder avec cent mille vues

Dieu! Emmenez-moi voler dans le ciel bleu de votre connaissance, priez avec des ailes vertes.

Étends-moi dans le trône sans bornes de ton regard

Ouvre la fenêtre de mon cœur jusqu'à la souffrance et place les vérités du monde dans ma poitrine!

Ne lâchez pas ce navire frappé par la tempête, échoué dans le marécage du quotidien ; S'il n'y a pas les vagues de ta miséricorde, je vais bientôt sombrer dans l'abîme du néant dans la sombre maison du monde.

Oh Dieu, où sont les mains de tes soins pour enlever la poussière de la négligence de mon front

Ô rivage sûr de la foi et aide des déchus!

Ne me laisse pas seul car j'ai perdu patience et prête moi un instant à moi!

Les mains de mon besoin sur le tapis brûlant et fondu te sont toujours tendues, ô maître des miracles !

Nuits de prière

Le soleil est parti, la lune est partie et les cheveux de la galaxie brillent comme les écailles des poissons dans un océan sans limites.

La beauté (silence) se multiplie et l'amour dénoue les nœuds des cheveux de la paix!

Merci d'avoir arrangé les moments dans le miroir avec tant d'amour!

Dieu, je te jure par le calme des instants bleus que tu garderas toujours notre horizon loin des ténèbres et planteras le soleil sur notre chemin!

Dieu, ce soir nous t'appelons avec un rayonnement qui couvre tous les coins de nos cœurs et ta mémoire nous tire vers les galaxies ; Où le parfum de l'autel des saints se mêle au parfum (salat) et annonce le ciel pour les mystiques et les ermites de la nuit.

Dieu, si nous sommes incapables de comprendre ta sainte essence, tu connais le secret de notre conscience.

Dieu, garde même notre sommeil dans ta sécurité et la clôture de ta providence!

Ô Dieu, ne nous prête en aucune circonstance, autre que toi-même, et emprunte-nous l'ombre sûre et la confiance!

Dieu, apporte-nous la paix avec des vœux qui prennent la couleur de l'espérance!

Dieu, si notre aujourd'hui s'est bien passé avec ton attention et tes faveurs, rends notre demain plein de bonté avec l'aurore de l'espérance dans nos cœurs !

on souhait

Dieux! Je veux parler de vous, mais la langue est incapable.

Je suis heureux de vos pensées et mon cœur est heureux de votre pardon.

Oh, tu es l'excuse de faire pleuvoir des perles, mes yeux sont sur l'herbe de Janmazi!

O que je ne t'ai pas aimé comme je le devrais et que je ne t'ai pas servi comme je le devrais!

Mon esprit est plein de mots purs pour te décrire, mais la plume est faible.

Comment puis-je exprimer ma soif et mon besoin dans ces lignes troublées?

Dieu, quand je flotte dans ton imagination et que je passe en revue les signes de ta miséricorde, je me sens pris dans la ficelle de ton amour.

Divin! Se souvenir de toi parfume le silence de mes nuits et se souvenir de toi dépeint mes désirs cachés.

Divin! Je laisse mon imagination à l'immensité du ciel pour me souvenir de toi et je sais qu'en lui l'illimité, toute mon existence incommensurable, forme vide.

Je chuchote toujours ta mention sous mes lèvres afin que la pluie de ta miséricorde arrose mon corps desséché et m'éloigne de la vallée de l'orgueil et de l'égoïsme.

Dieu! Je me réfugie en toi contre moi-même, prends-moi de toi et ne te prends pas de moi.

Assurez-moi que je ne m'en éloignerai jamais et montrez-moi le chemin qui me guidera vers la verte terre du monothéisme.

Divin! Tu as donné besoin aux arbres des mains et à l'immensité du ciel, au sol de la terre et à l'immensité de la mer ; Apprends-moi un amant qui, sur le chemin de toi, comme un papillon amoureux, je brûlerai et mes cendres danseront dans l'intimité de la connexion.

Dieu! Je frotte le front de mon besoin sur le lieu prostré de ton inutilité et dans la mer sans bornes de ton pardon et de ton pardon, je prends la vie comme une vague et j'atteins le rivage le repentir.

Maintenant, plus légère que la brise, plus libre que le pissenlit et plus affectueuse que la tulipe, je te souhaite.

je me suis réfugié en toi

main dans le besoin

Divin! Merci de me permettre d'obéir et d'adorer. Si je t'ai commandé, tu m'as récompensé; Si je t'ai demandé, tu m'as donné et si je t'ai remercié, tu m'as comblé de tes bénédictions comme une mer sans bornes.

Dieu, je suis venu le cœur palpitant, les mains nécessiteuses tendues vers ta province de Kibriai ; En espérant un regard et une réponse.

Aide-nous pour que je ne veuille pas retarder ce que tu veux pour moi et je ne veuille pas hâter ce que tu retardes pour moi avec ta grâce et tes bienfaits.

Ô espoir de tous ceux qui se repentent, ô miséricorde que chaque besoin avec toute son ampleur et sa grandeur ne reste pas sans réponse à la porte de ton royaume, ô paix des inquiets et ô espoir de ceux qui espèrent!

je t'appelle Toi qui es devenue mon aide, qui m'as guérie, tu étais ma chérie, tu m'as guidée, et j'ai rompu le pacte; J'ai mangé du sel et cassé la salière, j'ai désobéi, j'ai oublié ta douce existence.

Dieu! Rendez la coupe de mon besoin, qui vous est tendue, vide.

Le seul genre

Je te loue, mon Seigneur, d'une louange glorieuse et supérieure à toutes les souches de tes créations, autant que tu es supérieure à toute la création.

Louanges et louanges sont dues à toi seul pour avoir accordé d'innombrables bénédictions et faveurs sans réserve sur nous et sur le passé de tes serviteurs et de leurs survivants ; Louez et louez plus que toutes les choses que vous avez créées et plus que tous les êtres que votre connaissance les entoure encore ; Pour qu'il continue à faire de la musique dans le monde jusqu'à l'éternité et le jour de la résurrection.

Des éloges infinis qui ne se comptent pas et qui ne s'inscrivent pas dans le temps. Une louange qui nous guide vers la position de votre pardon, de votre miséricorde et de votre pardon et nous établit sur votre obéissance et votre servitude. Qu'il vous rende heureux et qu'il soit un chemin vers le paradis près de chez vous.

La louange qui nous protège de ton châtiment et nous protège de ta colère et de ta colère et nous aide dans ton service ; Empêchez-nous de vous désobéir et aidez-nous à remplir les droits qui sont de notre responsabilité et les devoirs que nous devons remplir.

je te loue; La louange qui nous a placés parmi les bienheureux et les saints de votre porte et comptés parmi les moudjahid qui ont goûté le nectar du martyre dans le djihad contre vos ennemis. Le monde entier boit de ta grâce infinie et de ta seule bonté, car tu es en effet un gardien et un gardien loué.

Souviens-toi

Ces vagues agitées de la plage, ce désert déserté en silence, ces nuages errants et étranges et cette terre qui bourdonne jour et nuit dans le cercle de mille planètes lointaines, quelle nuit sont les fous ?! Quels bras les rendent agités?

C'est ton nom qui a donné au monde une coupe de vin pur, et c'est ta mémoire qui a troublé les saules affolés de la terre.

C'est la pluie de lumière qui monte et descend des étoiles agitées, et la gloire de votre mémoire qui a créé un tumulte dans le monastère de la terre. Les cœurs se prosternent devant vous dans la mosquée du cœur, et votre souvenir fait battre les pulsations.

Les flammes sont agitées de la pyramide de votre mémoire et les ombres des sept climats tournent à votre recherche.

Le monde, la main de l'afshan de votre amour et de votre miséricorde sans réserve, et le soleil, le musc du musc de la mémoire de votre esprit.

Les montagnes se dressent sur le tapis de la terre et humilient ta grandeur.

La pluie me donne plus soif de ton regard, et petit à petit, la vie s'enivre du parfum de ton souvenir.

Où vous appelleront les oiseaux migrateurs, dont vous êtes la Qibla ? Comment vous appellent-ils?

L'univers entier est ton nom !

La musique imaginaire de l'étape de la vie est le rideau enchanteur de votre mémoire !

pensant à vous

Je suis celui qui est triste avec toi le matin avec plus de vision. Tout le volume de mon cœur est blessé,

Seigneur! Être patient avec moi.

Des colombes d'espoir volent vers mon cœur. Je te prie de me purifier de toute laideur et souillure. Alors que je cède la place aux cieux, il n'y a pas d'autre que Dieu. Mon désert assoiffé a oublié la pluie de ta miséricorde ; Laissez le nuage de compassion rompre ce charme.

Dieu! Quand je suis loin de toi, c'est la nuit, je suis humble ; Comme le sol sur lequel aucune brise ne souffle et aucune pluie ne tombe, aucune fleur n'y pousse et aucune étoile n'y brille.

Je suis loin de toi Je suis loin de toi et je me noie dans mon chagrin et j'ai un cauchemar de péchés commis et non commis, alors qu'une profonde noirceur pénètre mon âme. Rien ne me calme; Sauf ton nom et ta mémoire, Seigneur des mondes ; Sauf pour le rappel d'Allah, l'assurance des cœurs.

Je regarde mes mains, qui se tendent avec besoin et douleur vers ta générosité.

Maintenant ici, dans ce monde plein d'amour et d'existence, avec une âme souffrante, nous pleurons pour tous les vivants qui ont la couleur de la mort et pour tous les serviteurs du plus haut au plus bas et pour moi-même dans mon humiliation incomplète ; fais pleuvoir ta miséricorde sur mon âme souffrante; La pluie de ta miséricorde est sainte. Ô gentil ! Rends-nous fermes sur le chemin de la vérité et du bien.

Coeurs célestes

Jour et nuit, soleil et pluie, pierre et miroir, tous sont créés par le même Dieu et avec toutes leurs différences, ils atteignent un point commun dans la prosternation devant Lui. Trouvez le mot ! Découvrez de nouvelles lettres ! je veux des mots; Un mot qui ne s'essouffle pas. Je veux beaucoup de mots pour peut-être dire une phrase pour un ami.

Tous ceux qui ont écrit sur vous manquaient de mots, de pensée, de cœur, mais il battait et battait et affirmait que même s'il perdait son souffle, il ne perdrait pas. Del, peut-être qu'il avait raison.

Nos prédécesseurs avaient débarqué à votre porte depuis qu'ils ne pouvaient même pas vous choisir un nom.

Le vrai cœur a dit qu'une personne a un pic appelé solitude, où elle s'assoit pour regarder le coucher du soleil de toutes les dépendances et sent ensuite que vous seul restez à ses côtés.

Il n'est pas loin de votre vue, l'homme qui erre dans l'erreur. Nous sommes perdus, mon Dieu ! Si nous regardons autour de nous sauf pour vous.

Nous sommes perdus, si nous ouvrons la bouche au péché et disons le secret de nos cœurs, sauf devant vous.

Il disait la vérité, ramenez les perdus dont les cœurs sont toujours sous votre contrôle ! Seigneur, il y a en moi un sentiment mystique qui vient des profondeurs de ma nature et chaque fois que je mentionne ton nom, cela me revient aux yeux.

Seigneur!

A ce sentiment, j'ai une sincérité romantique et un luxe honnête de pardonner que tu es le seul espoir et justice.

Dieu! Je ne me permettrai jamais de partager mes gémissements intérieurs, qui sont venus de milliers de douleurs, avec ceux pour qui le mot douleur n'a pas de sens ; Ceux qui ne considèrent la vie que comme du sommeil et de la nourriture et passent toutes leurs journées à la musculation et au confort.

Je ne dirai jamais la douleur qui est assise sur mon cœur brisé avec ceux qui ont un cœur plus dur que la pierre.

Seigneur! Je ne peux pas partager les épreuves et les épreuves de ma vie et les souffrances que j'ai endurées avec les jeunes hommes lâches qui, pour protéger leurs intérêts, ont mis le conservatisme et l'hypocrisie au premier plan de leur travail.

Gentil! Nous viendrons à vous; Parce qu'avec toi seulement je peux raconter mes peines; des flèches de la tristesse qui ont visé mon cœur; du feu qui serre ma gorge; Goutte à goutte des larmes de mon sang.

Ô ma bien-aimée ! Si je me plains de mon cœur, c'est parce que tu es le propriétaire de mon cœur.

Gentil! Écoute le murmure de mon cœur douloureux, comme il t'appelle!

Seigneur du cœur, guéris les blessures de mon cœur.

Seul avec Dieu

Vous nous avez placés dans une maison, où nous voyons un désastre devant nous partout où nous regardons.

Dans le désert fertile, tu nous as envoyé, le messager de l'œil, apporte des messages de partout, et les épines de la trahison, serre le pied fatigué en lui-même.

Dieu!

Vous nous avez fait passer par des routes étroites où les pièges de la tromperie nous attendent au-delà des maisons.

Dieu!

Les flèches du désir se brisent sur les rochers de l'échec et les ruisseaux étroits de l'espoir se tarissent sur la terre brûlée.

Dieu!

Ce miracle d'un millier de gendres a brisé la résolution des hommes et appelle Omar à la cabane.

Dieu!

Ce monde de luxure tend à chaque instant un nouveau piège et se présente à quelqu'un ; Les routes vers vous sont soit bloquées par une plate-forme ou un gouffre de vie, soit le piège de la richesse est déployé, soit vous êtes occupé par vous-même, soit... vous savez que vous ne pouvez pas passer ces obstacles sans voler.

Dieu!

Nous demandons votre pouvoir de voler.

Dieu!

Quel passage difficile ce monde est et quel détroit difficile!

Quel genre de nourriture contaminée est celle-ci qui prépare la mort dévorante!

Quelle eau puante qui brûle son foie assoiffé!

Dieu!

Quel genre d'amant est celui-ci qui passe la nuit à souhaiter la destruction des amants le matin!

Dieu!

Notre santé est entre les mains de ta force, traversant ce détroit, et au-dessus de cet abîme mortel, notre main d'espoir est suspendue à ta corde.

Dieu!

Donner les racines de cet intérêt au terreau de notre existence et brûler les fils de cette dépendance dans les coins de nos cœurs.

Dieu!

L'amour de ce lieu de boue puante nous a recouverts du vêtement de ton opposition, tu nous enlèves ce vêtement.

Dieu!

Le gouvernement du pays est avec vous ; Autre que le prêteur.

Dieu!

Laisse le jardinage de ce jardin à quelqu'un qui, si rien que la sève de ton amour ne coule dans les veines de ce jardin, les feuilles se flétriront, et si rien que la pluie de ton amour tombe sur ce jardin, les drapeaux du jardin tombera, et si rien d'autre que la brise de ta bonté Si ce jardin pourrit, les bourgeons mourront.

Dieu!

Enlève les pierres de nos péchés de la bouche des sources de ta grâce et remplis nos cœurs de ton sceau clair.

Mon Dieu!

Dans le champ de nos cœurs, au lieu des mauvaises herbes de la luxure, plantez les jeunes arbres de votre amour.

Dieu!

Fais-nous goûter la douceur de ton pardon et la joie de ton savoir et donnons à nos yeux fatigués un nouvel éclat à la lumière de ta visite.

Dieu!

La désaffection du monde a affecté le champ de blé de notre foi, Seigneur, comme tu as reçu tes pieux, justes et élus, comme tu as reçu tes purs et purs serviteurs, comme tu as reçu tes amants et amantes des mains chaudes de ton l'amour, l'étreinte la plus réceptive de ceux qui sont revenus Une des personnes les plus gentilles et généreuses

Prends mes mains!

Un jour, quand toutes les colombes et tous les pins sont éveillés, Emmène-moi au festin de ta bonté, Emmène-moi au-delà de tout cela, au-delà de toutes les veilles que je dois passer.

Combien de temps dois-je compter jusqu'à la dernière étoile ? Combien de temps dois-je me repentir de mes péchés et me repentir?

Dieu! J'ai autant péché que tes innombrables étoiles. Je n'ai personne d'autre que toi.

Personne ne me demande comment je vais ces jours-ci. Mes salutations meurent sur mes lèvres.

Ô le plus grand ! Un matin, plus tôt que tous les matins, remplis ma chambre du parfum des salutations fraîches que je t'envoie!

Laisse-moi mourir ivre de l'odeur de ton intimité!

Laissez-moi à la pluie!

Transforme-moi en chansons d'amour!

S'il vous plaît, pardonnez-moi!

Pendant des années, mon verre a été plein de feu, mes vêtements ont été cousus à partir du feu. J'ai fondu plusieurs fois dans l'enfer des mirages en fusion. J'ai brûlé dans le feu du péché pendant des années. Pendant des années, j'ai laissé mes rêves au bord du cauchemar. Aucun oiseau ne s'est assis sur mon épaule et n'a chanté pendant des années. Pendant des années, j'ai pleuré dans les puits les plus profonds du monde, inquiet de mourir. Toutes les cellules de mon corps sont multipliées par le péché. Pendant des années, la pureté a oublié la sueur de la honte sur mon front et la noirceur est devenue mes sourires sans fin. Pendant des années, aucune montagne ne répond à mes cris. Je suis assis devant une montagne d'amour depuis des années, attendant l'écho de ma voix. Je me cherche depuis des siècles. Même la terre est en colère contre moi ; Comme la fureur de la pluie contre le désert. Mais je sais que tu ne me laisseras jamais seul.

De toute cette solitude, je n'ai que toi. Si tu me laisses partir, après tous ces hivers, je vais geler. Vous qui êtes partout; Mais je ne suis ni au top ni sur mes pieds ; Même pendant des années, j'ai perdu la direction de la Qiblah, j'ai perdu votre direction, je me suis perdu moi-même ; Mais tu as toujours été avec moi, tu m'as toujours vu. Prends mes mains pour me relever ! Mes mains gèlent; Remplis mon cœur de bonheur pour que mes yeux me redonnent des étoiles!

Prends mes mains, prisonnier impuissant.

Salut

Dieu! Je manque et j'ai mal. Je suis plus confus que je ne le suis pour distinguer le chemin du chemin au milieu de tout le gris et du noir.

J'ai plus le cœur brisé que de rencontrer le soleil derrière mes rancunes brisées.

Dites-moi, quelle main de prière peut combler tous ces vides?

Quand je regarde mon âme, je ne trouve rien d'autre qu'une pièce pleine de fils et de poussière. Mes larmes ne suffisent plus pour tous ces péchés.

Seigneur! Peu à peu, les oiseaux remplissent le ciel et me quittent ; C'est comme si j'avais oublié de survoler les sommets ! Quelqu'un me prend la main et me tire vers l'abîme.

Oh génial! Je sais que vous ne me permettrez pas de revenir vers vous dans un tel état d'humiliation et d'impuissance ; Je crois que vous ne me laisserez pas seul sur ces deux terribles chemins.

Ô Dieu de ceux-ci et des eaux ! Je te confie mon âme rebelle et rouillée, qui n'a d'autre refuge pour moi que les bras de ta bonté.

Tu es le soutien de mes épaules tremblantes et désespérées ; Tu es le réconfort des secondes qui blessent ma vie de mille poignards. Tu illumines mon cœur; Quand la neige et l'orage du désespoir entourent tout mon être Tu connais mes douleurs indicibles et tu transformes mes insoutenables lamentations en chants de paix.

Vous qui ne vous moquez pas de mon regret et si je frappe mille fois à votre porte avec des yeux coupables, vous ne me reviendrez pas les mains vides.

Dieu!

Chassez le diable des coins de mon cœur afin que le rêve des pavillons du ciel apporte mes rêves éternels.

Familiarisez mes pas avec vos routes lumineuses. Je regarde de toutes les ténèbres et ténèbres de Barhan pour trouver la lumière de Liesalt.

Ô connaissance!

Je suis fatigué de tout ce vagabondage, de toute l'étrangeté, de toutes les voix étrangères ; Appelez-moi à monter les marches du salut avec les corbeilles blanches de la foi.

je veux server

A cause de la grande tempête, j'ai brisé les portes de mon salut du volume de tous ces péchés.

C'est toute une vie que je porte le fardeau de mon erreur sur les collines de la rébellion. C'est comme si mes oreilles étaient incapables d'entendre des sons clairs!

Oh super! Ma maison est un nuage; Mes épaules sont fatiguées et blessées. Dans les déserts de Sarab Elud, je cours pour sauver ma vie et tombe au sol. Mon front brisé ne reflète aucun soleil. Seulement toi, toi qui sais; Toi qui connais la tolérance de ma blessure ; Montre-moi le chemin qui mène aux portes lumineuses de ta présence, peu importe combien de haine j'ai dans la gorge, je pleurerai sur tes grands genoux.

Dieu! Mon haleine est polluée par les marécages. Les nuits ont coupé mes souvenirs ensoleillés. Je crie et ma voix ne va nulle part. Toi seul peux me libérer de toute cette confusion et de ces ténèbres ; La façon dont vous emmenez la terre à une fête de lumière chaque matin.

Ô gentil ! Comment puis-je te lire avec ces yeux pécheurs et une gorge malade ? Comment puis-je venir à toi et te regarder, maintenant que mon cœur est une maison abandonnée dans le noir ; Comment... sauf que tu m'appelles et que tu chantes pour moi.

Ô arrêté et repentant ! Oh super! Faites tomber la pluie de votre pardon sur ce cœur agité et triste. Ouvre les fenêtres de ta lumière vers ces fenêtres poussiéreuses, afin que le tissu de mon âme puisse éprouver l'air de vivre avec toi.

Aide-moi à bannir le diable des coins de mon cœur, afin que je puisse m'élever et flotter dans les eaux du salut.

Je veux te servir aux sommets de la connaissance.

référence

1- Khorramshahi, Bahauddin (1374), traduction du Saint Coran, Téhéran : Nilofar et Jami.

2- Sharif, Razi (1373), Nahj al-Balagheh, traduit par Seyed Jafar Shahidi, Téhéran : Publications scientifiques et culturelles, 6e édition.

3- Amoli, Seyyed Haider, 1362, Asrar al-Sharia et Atwar al-Tariqa et Anwar al-Haqiqah, avec une introduction et une correction par Mohammad Khajawi, Téhéran : Institut d'études et de recherches culturelles.

4- Javadi Amoli, Abdullah, 1377, Irfan wa Hamasa, Qom : Maison d'édition Esra.

5- Hosseini Siahkalroudi, Seyyed Qavamuddin, Manifestation of Irfan Sadiq in Misbah al-Sharia, Book Review, n° 46 et 47, pages 113-138.

6- Hazeghi, Abulfazl, Une leçon de mysticisme, magazine Mehr, premier numéro.

7- Khansari, Jamal al-Din Mohammad, 1366, description de Gharral al-Hukam et Darr al-Kalam. Avec l'introduction et les corrections de Mir Jalaluddin Hosseini Ermouni, Téhéran : Tehran University Press.

8- Shariati, Ali, (1357), Shahadat, Téhéran : Bina.

9- Tayeb, Mahdi, La source du mysticisme ou du mysticisme à l'école d'Ahl al-Bayt, que la paix soit sur lui, Journal of Language and Literature, Faculté de littérature persane et des langues étrangères, Université Allameh Tabatabai, numéro 23, pages 41- 72.

10- Tabatabaei, Seyyed Mahdi, 1360, traité sur le comportement attribué à Bahrul Uloom, introduction et commentaire par Allameh Seyyed Mohammad Hossein Hosseini Tehrani, Téhéran : Hikmat Publications.
11- Fanai Ashkouri, Mohammad, The Relationship between Irfan and Religion, Contemporary Wisdom, Research Institute of Humanities and Cultural Studies, deuxième année, deuxième numéro, automne et hiver 2019, pages 79-96
12- Ezzeddin Kashani, Mahmoud (1376), Misbah al-Hadaye et Miftah al-Kafayeh, édité par Jalal al-Din Homai, Téhéran : Homa Publishing House, cinquième édition.
13-Gilani, Abdul Razzaq, 1360, description de Misbah al-Sharia et Miftah al-Haqiqah, traduit par Seyyed Jalaluddin Muhaddith Ermoi, Téhéran : Sadouq.
14- Mohammadi Ray Shahri, Mohammad, 1362, Mizan al-Hikma, Qom : Publications du Bureau de la propagande islamique.
15- Mousavi Khomeini, Seyyed Ruhollah, 1372, Chehl Hadith, Téhéran : Institut d'organisation et de publication des œuvres de l'Imam Khomeiny
16-Maouinipour Masoud, Lakzaei Reza, Zarifian Yeganeh Mohammad Hossein. Explication du mode de vie religieux basée sur le sermon 193 de Nahj al-Balaghe, document de recherche sur l'éthique. n° 8, pages 103-124.

17- Nouri Tabarsi, Haj Mirza Hossein, B.T.A., Mostadrak Al-Wasail, Qom : Institut ismailien.
18- Hajwiri Ghaznavi, Ali, 1358, Kashf Al-Mahjub, corrigé par Zhukovsky, introduction par Qasim Ansari, Téhéran : Tahori Publishing.

Printed by Books on Demand GmbH, Norderstedt / Germany